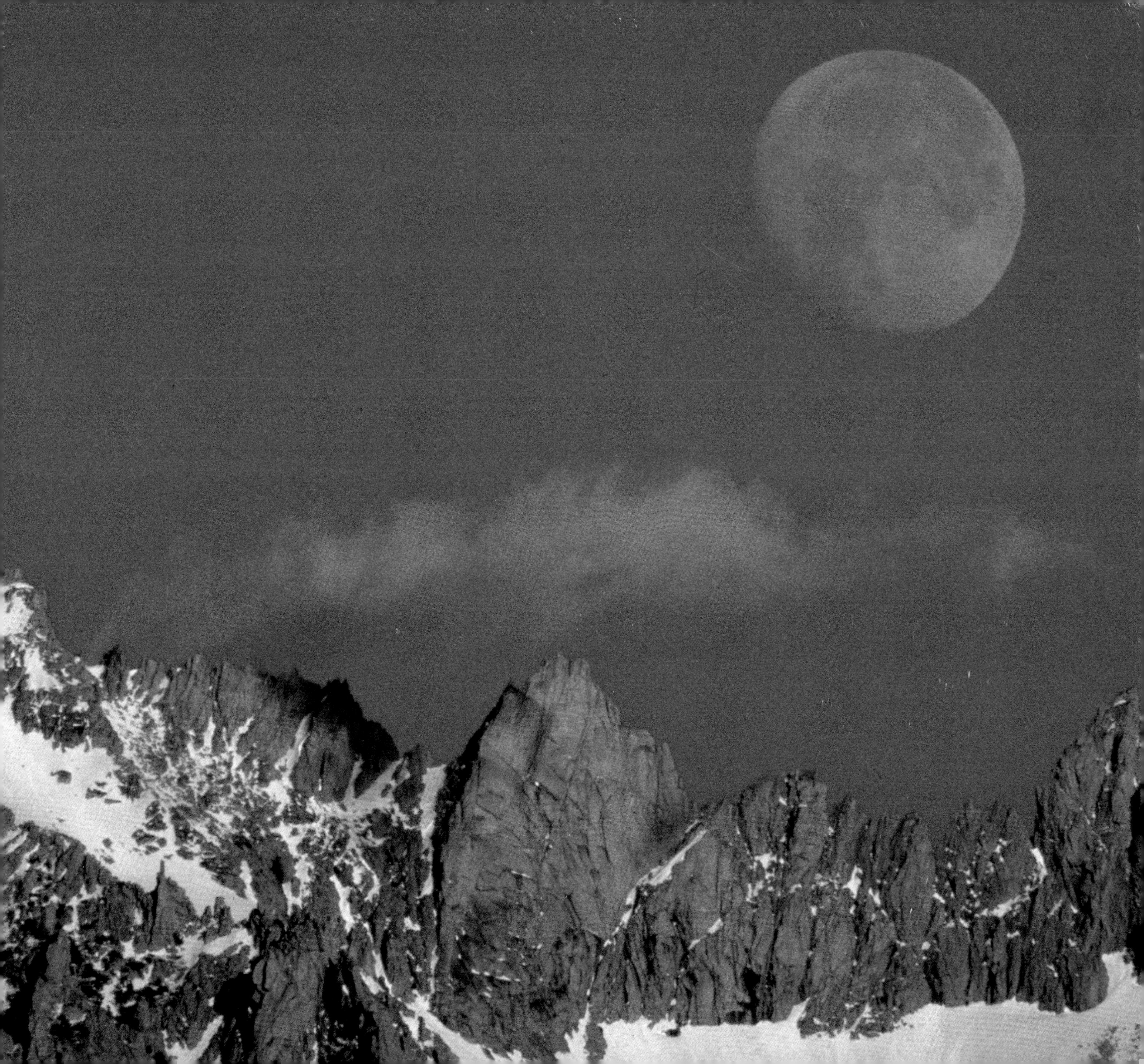

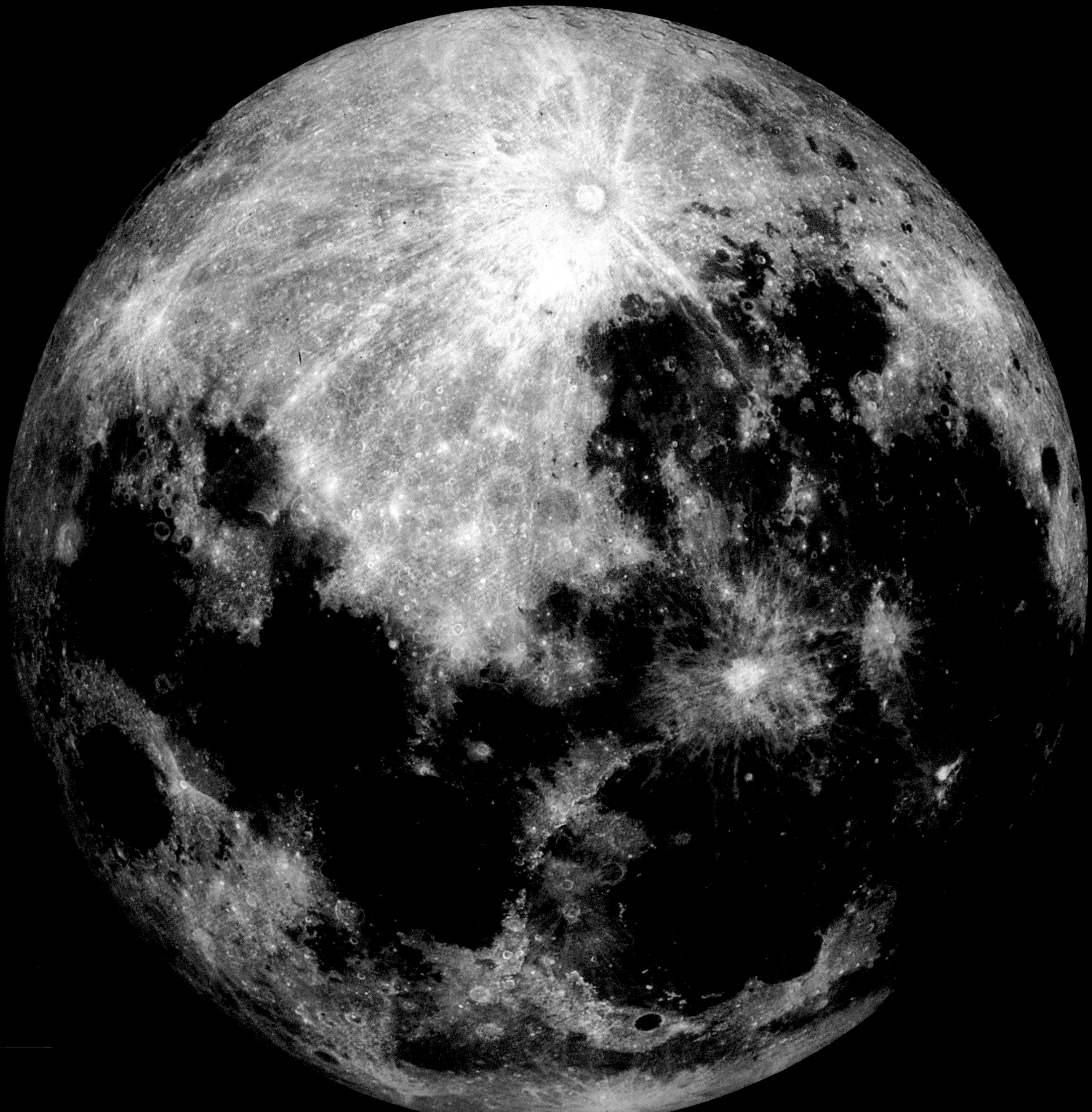

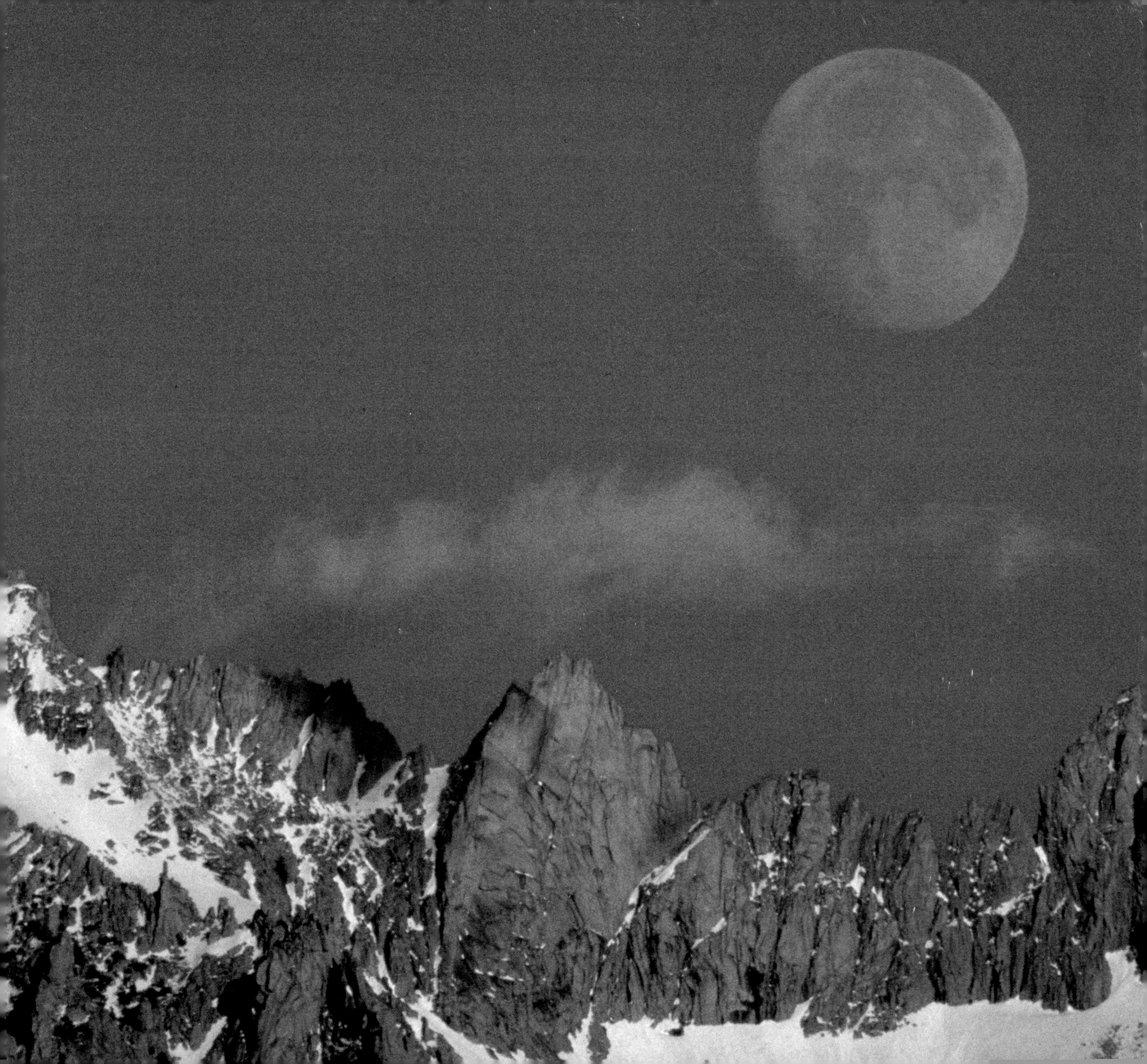

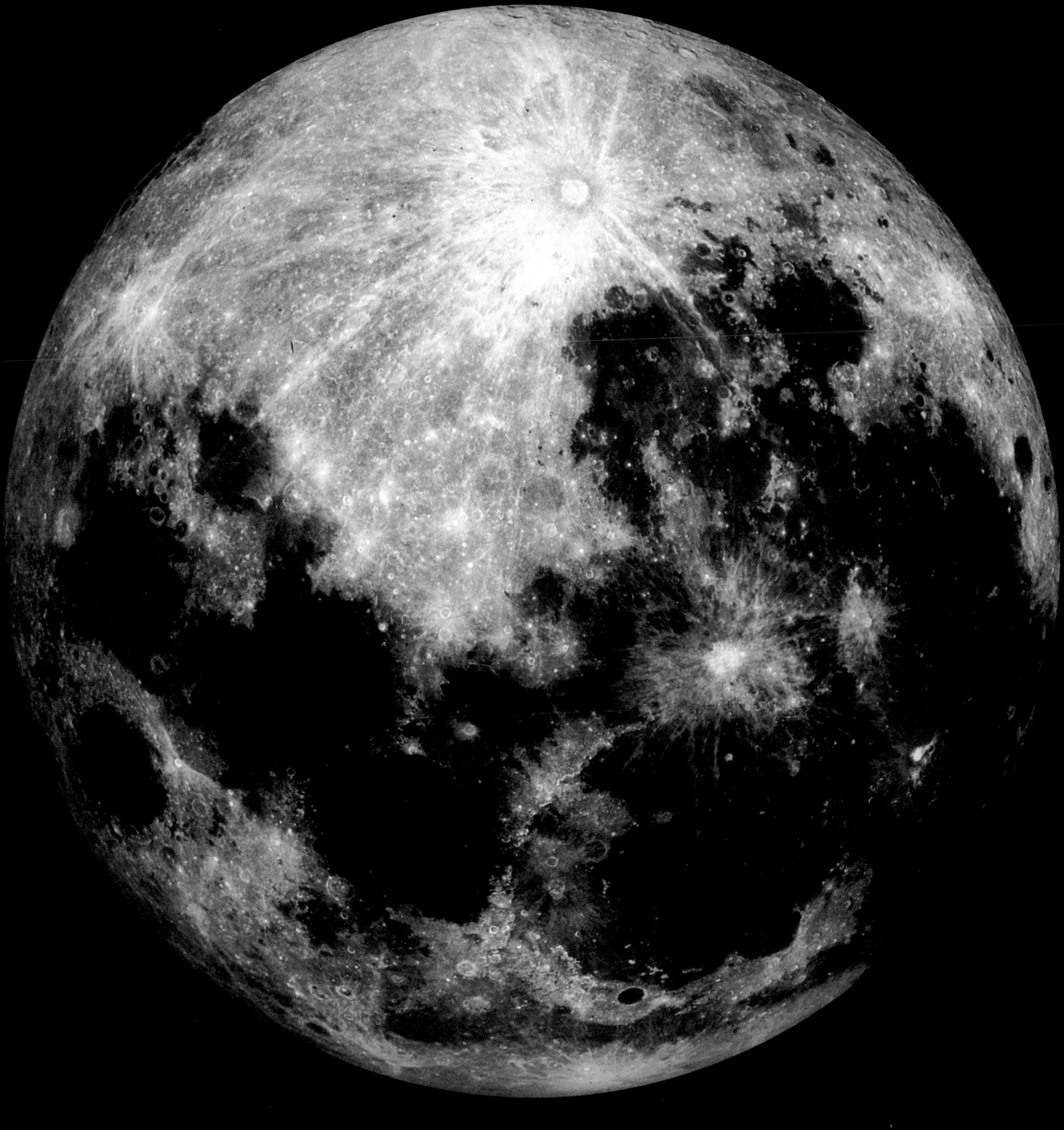

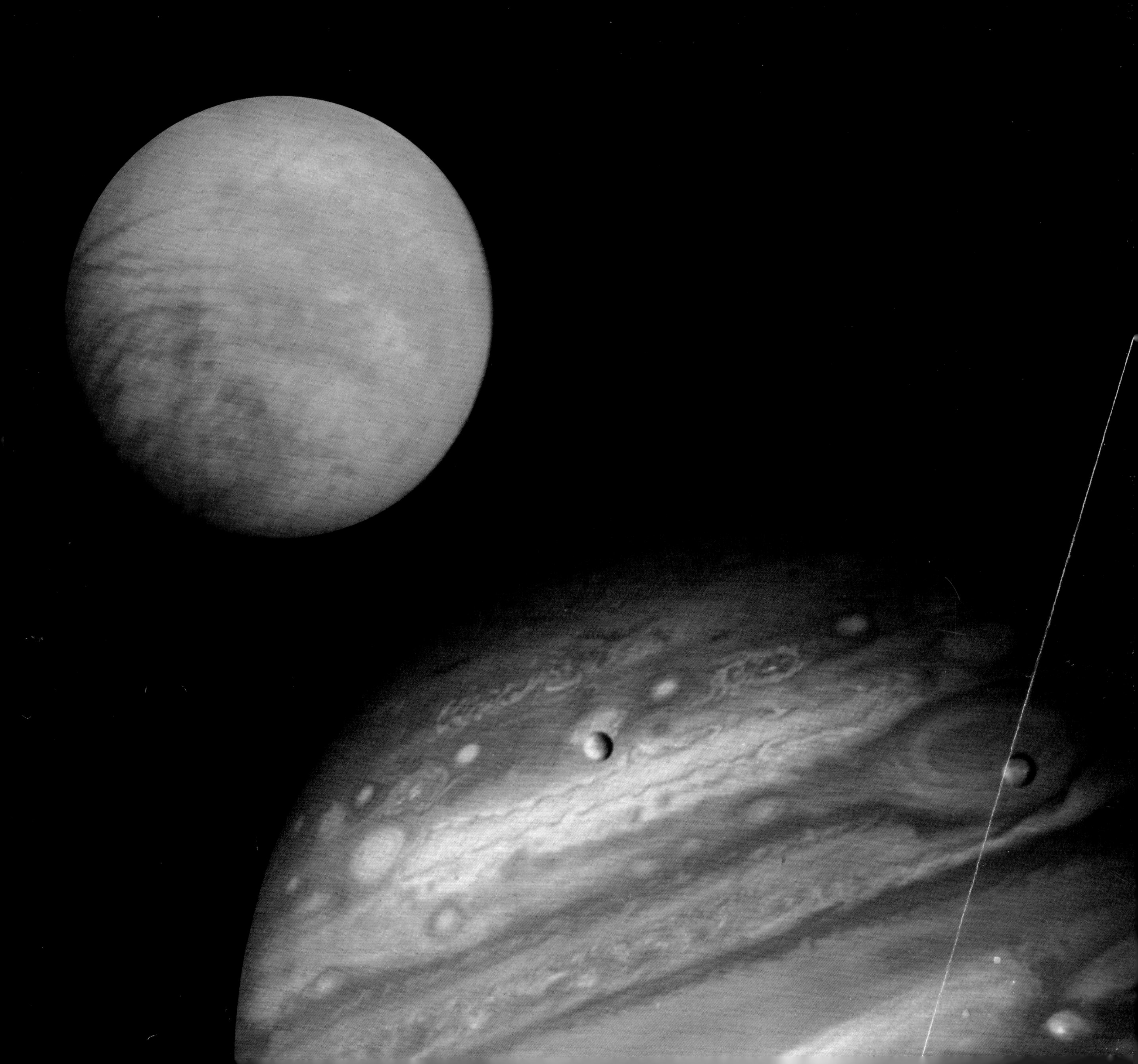

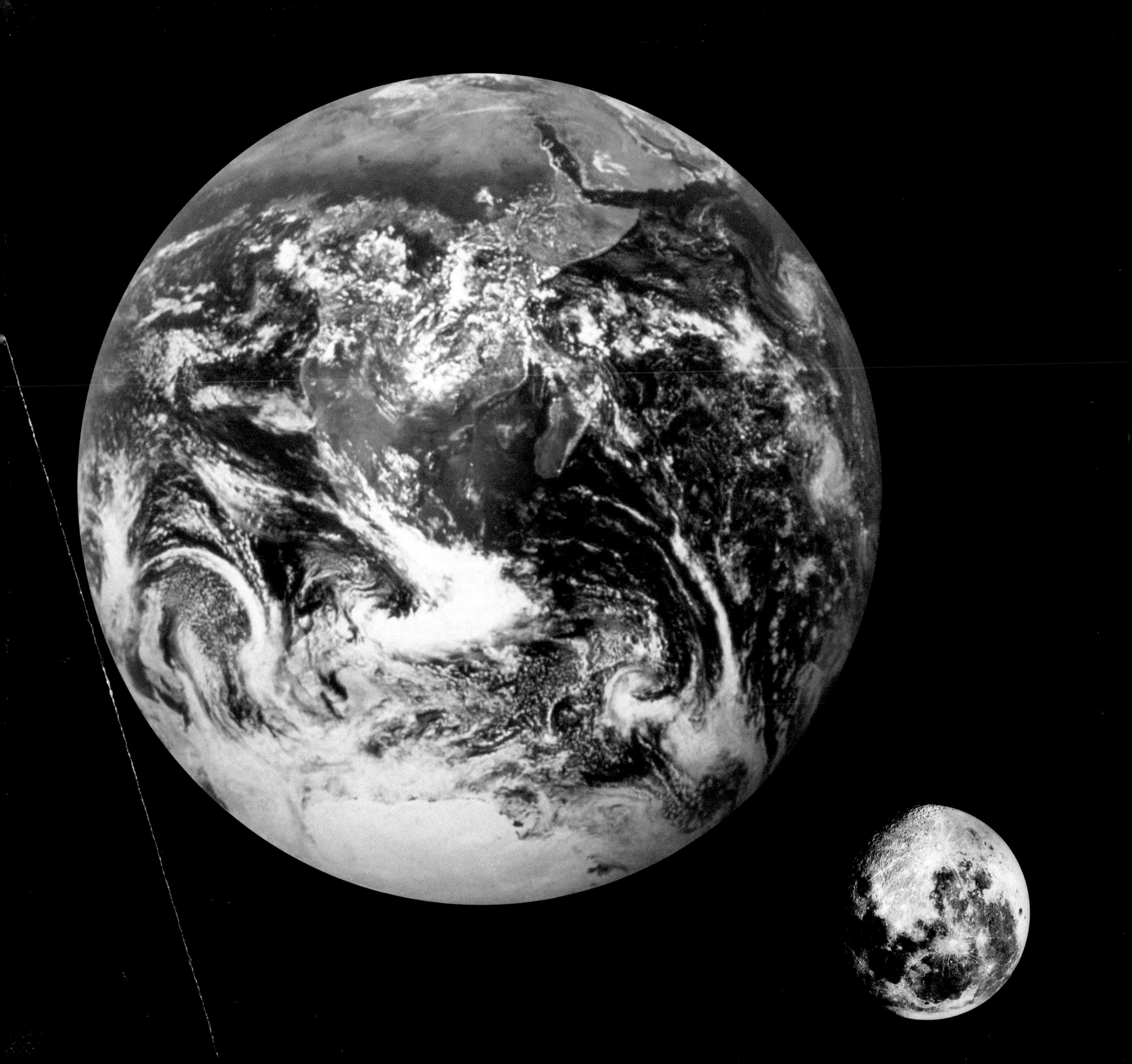

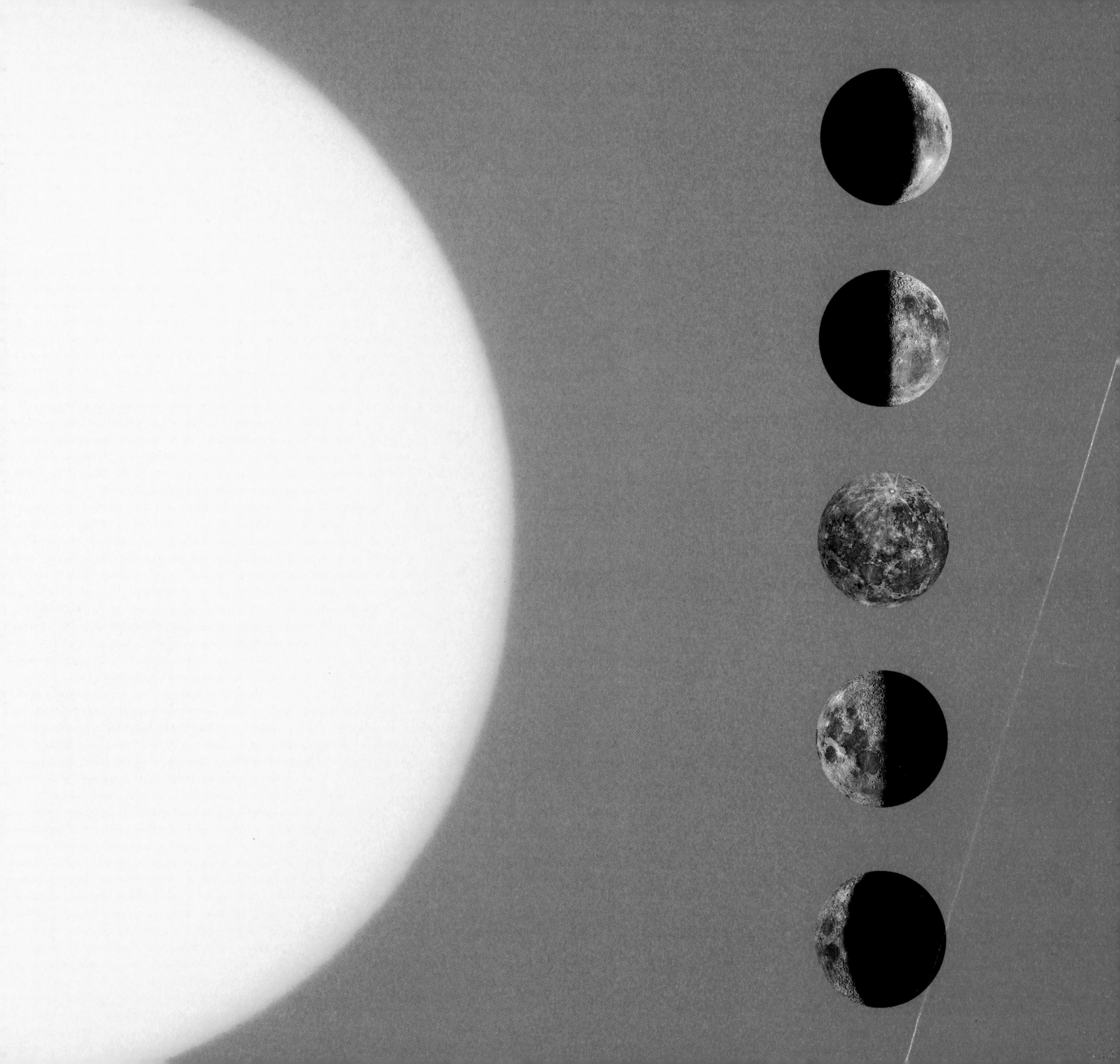

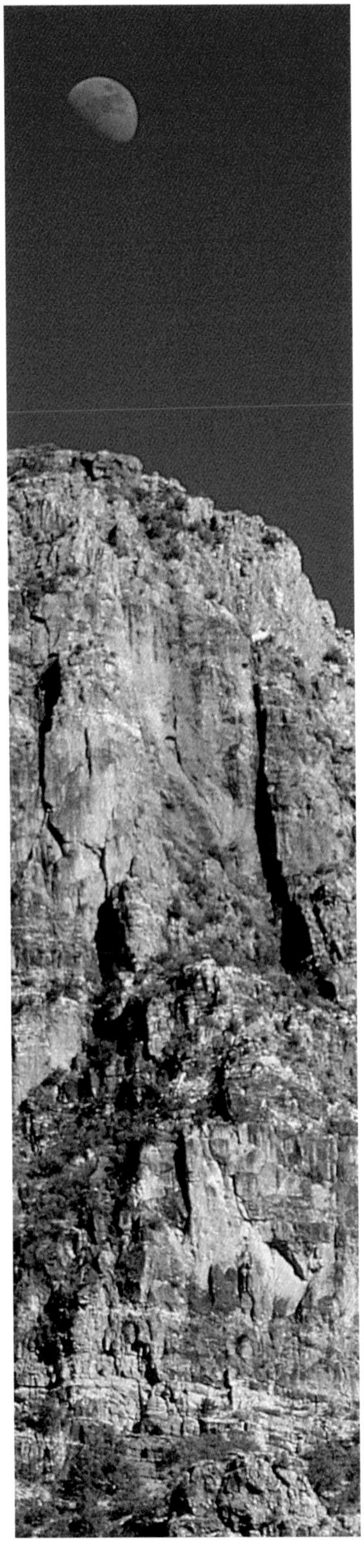
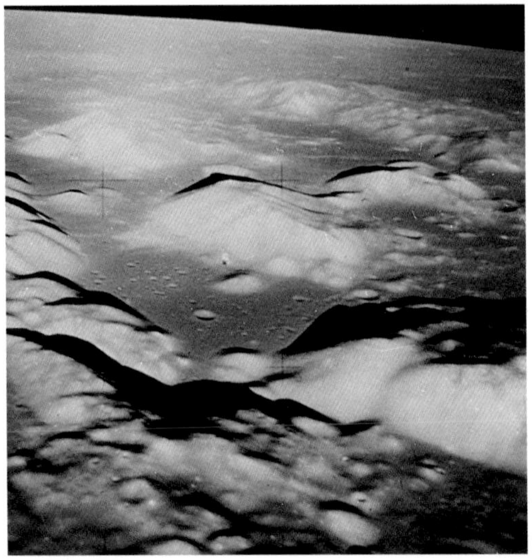
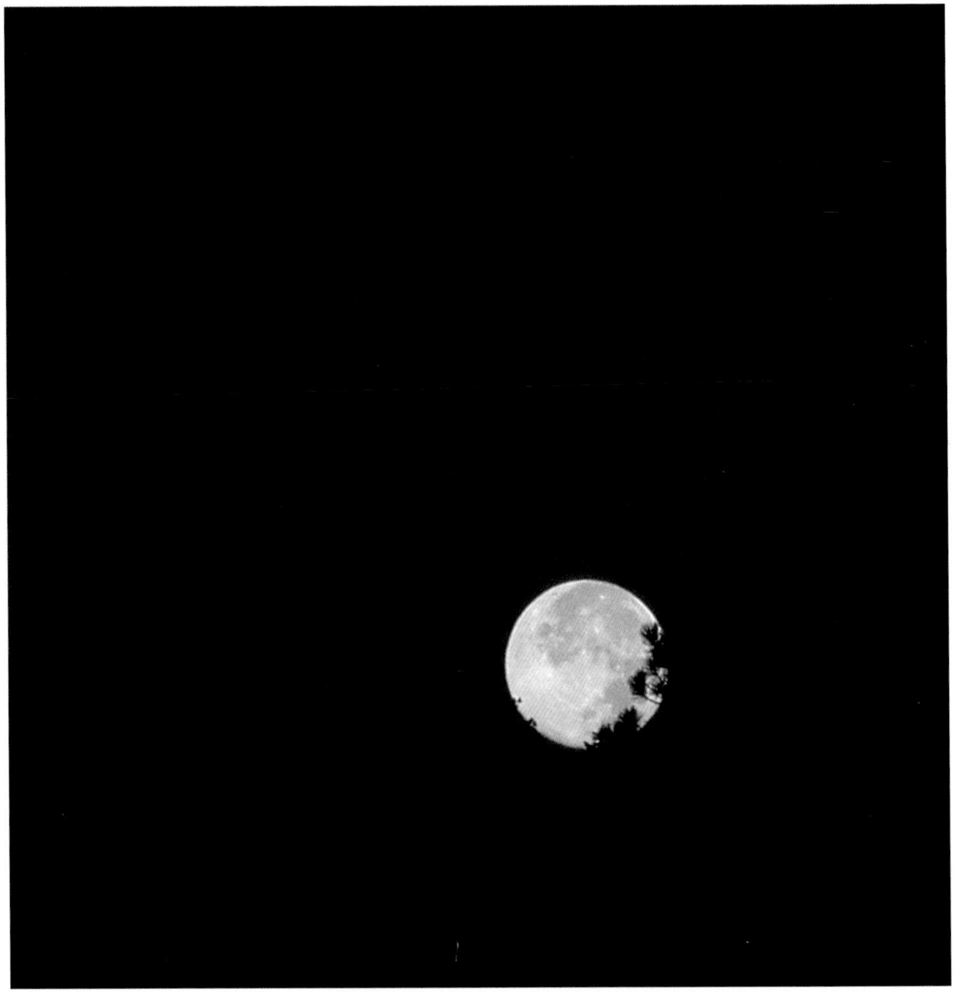
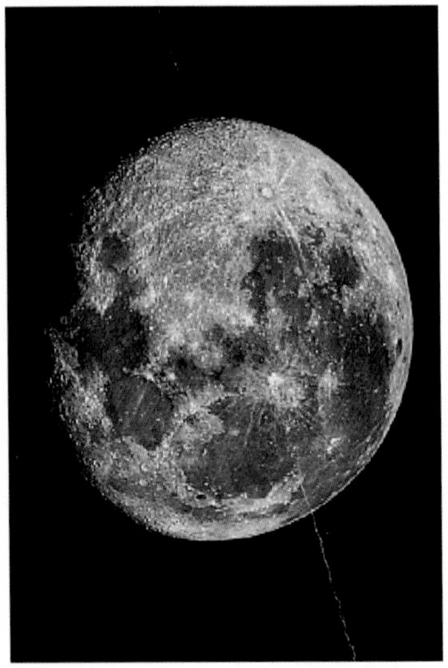

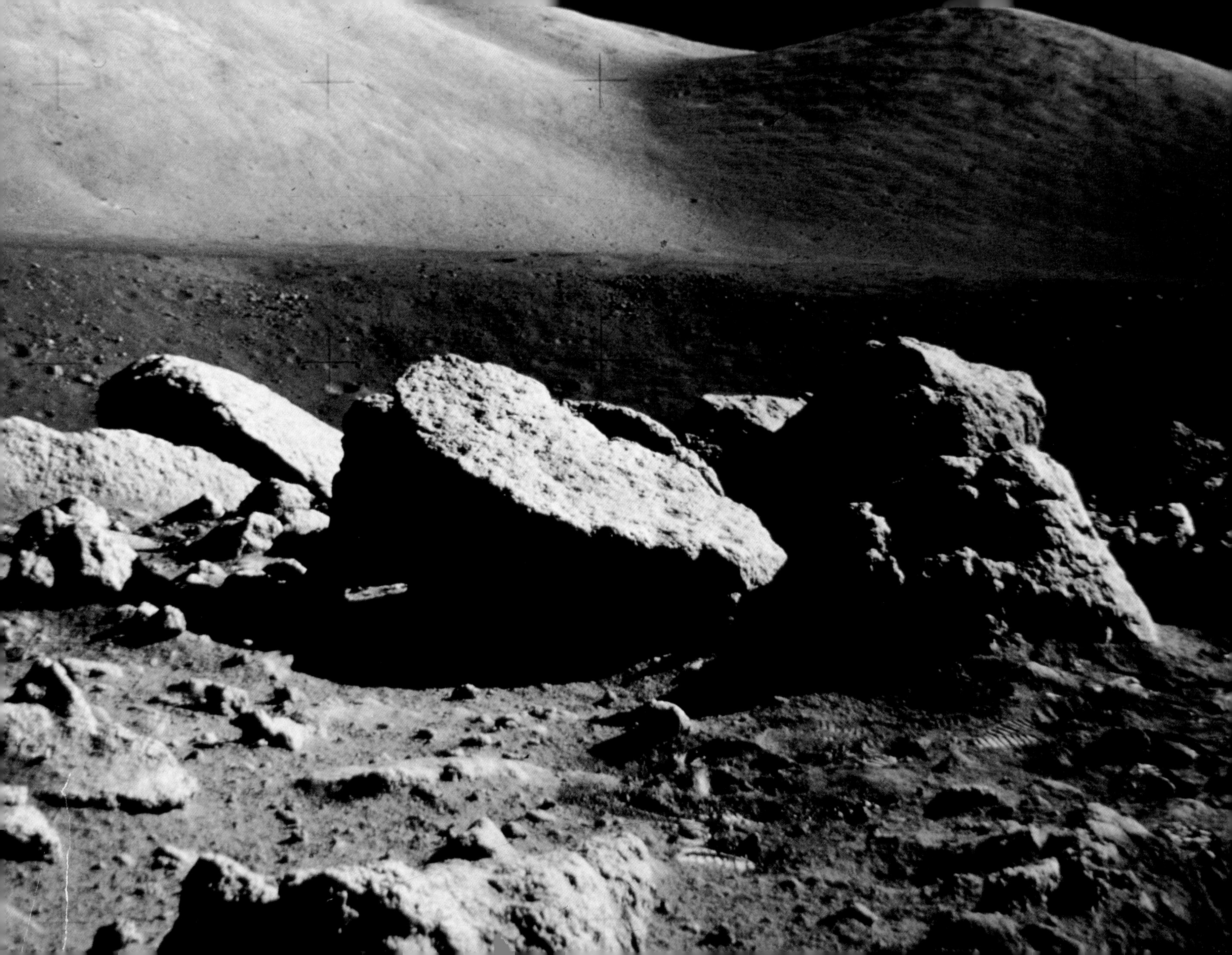

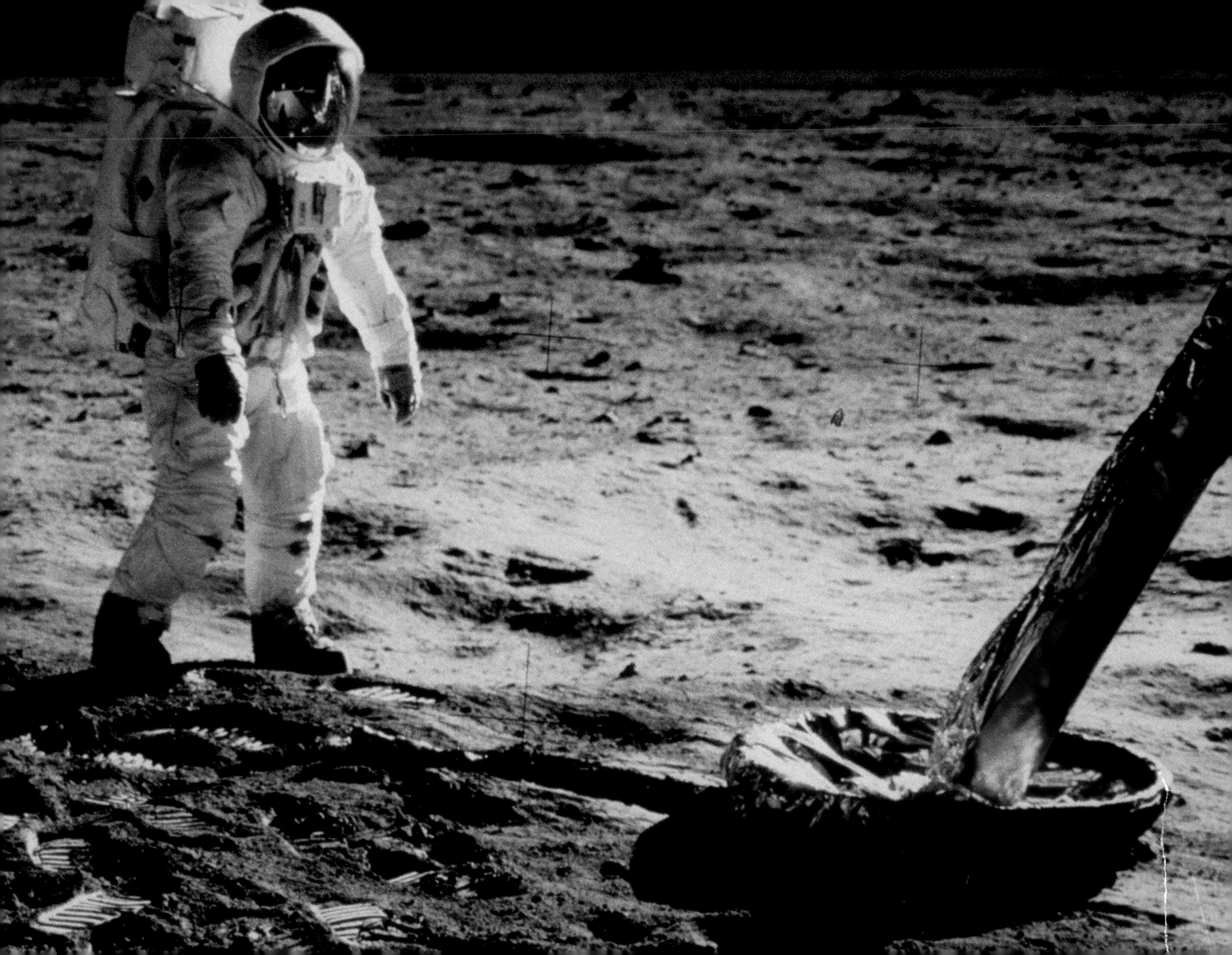

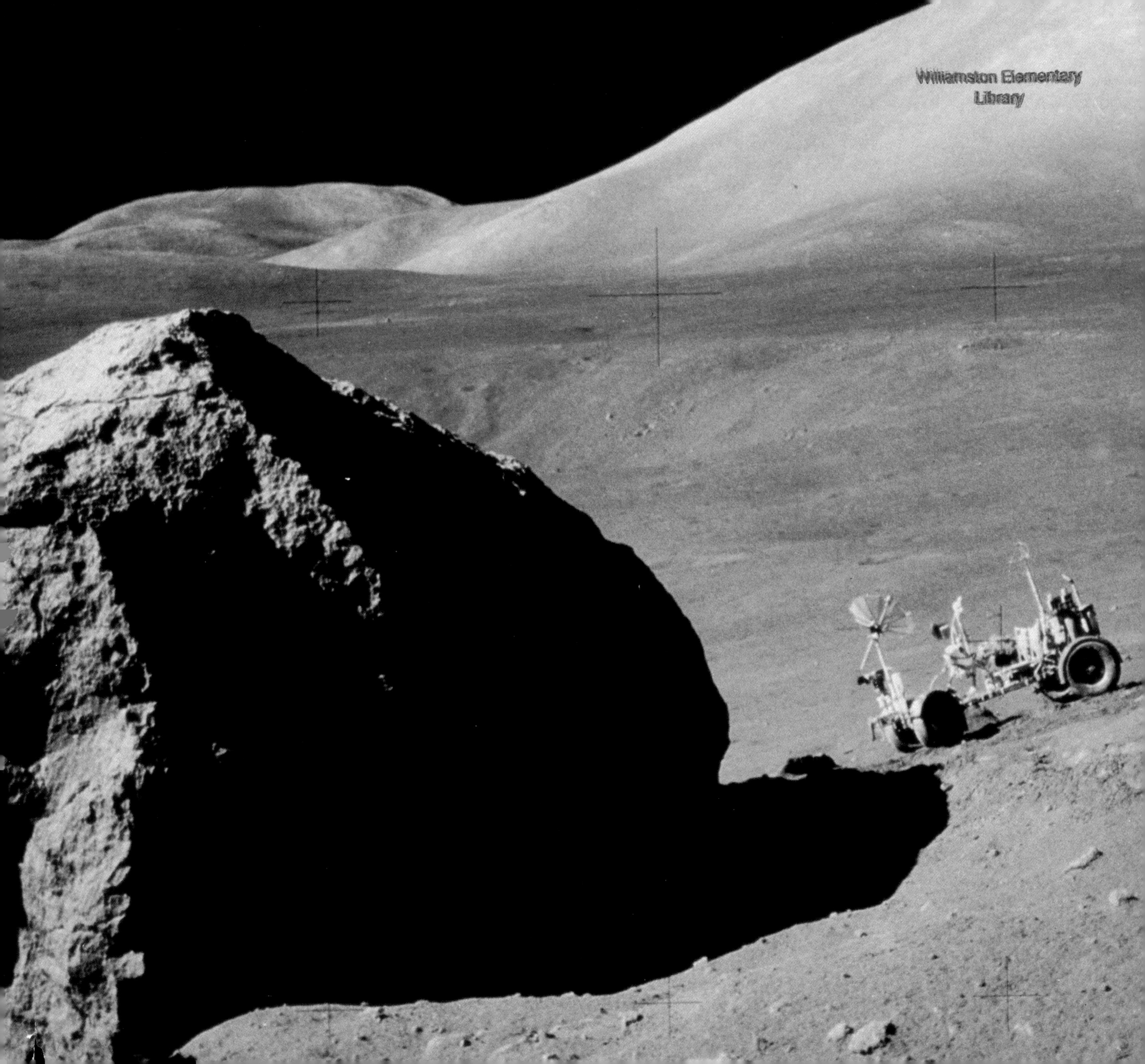

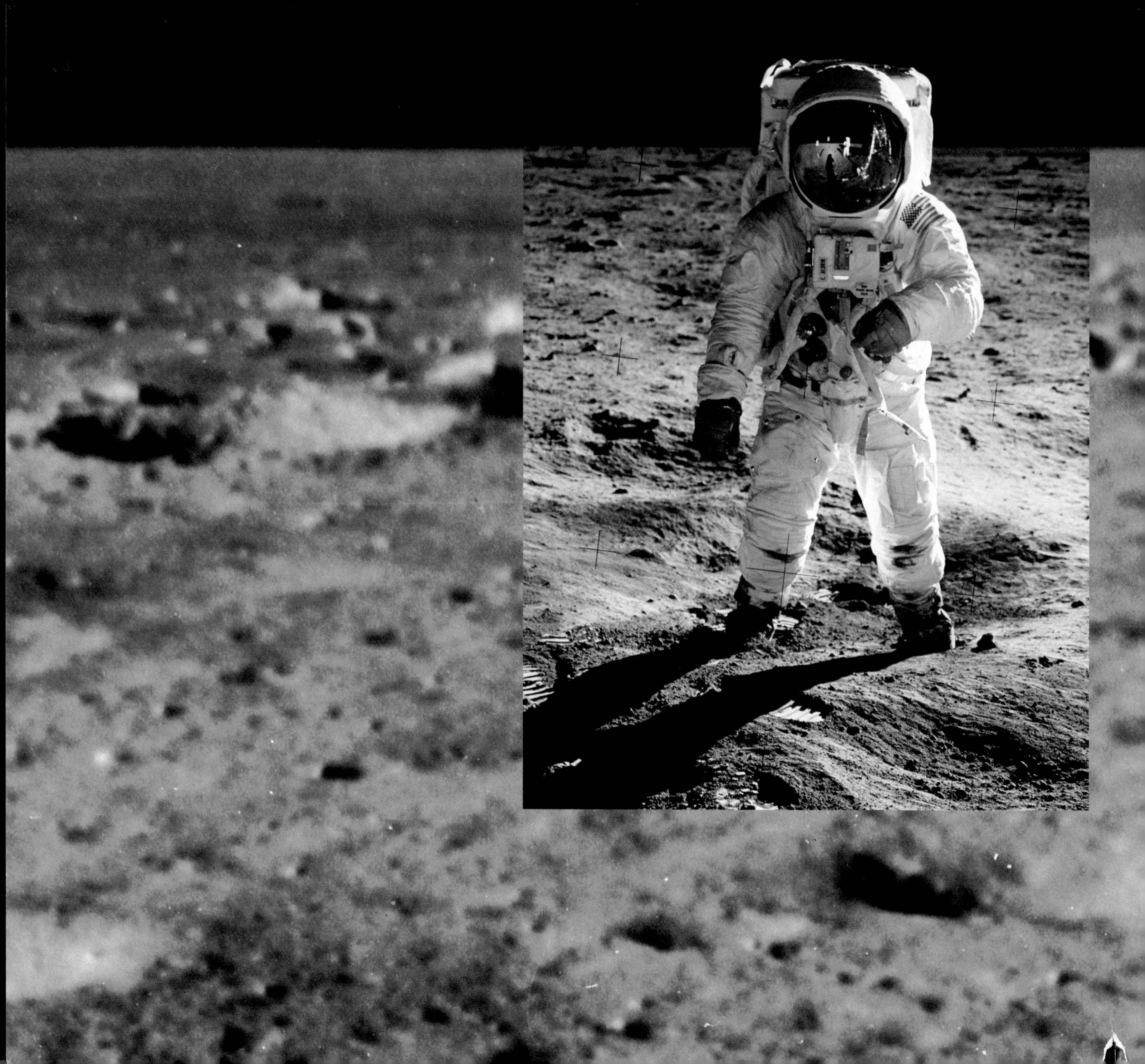

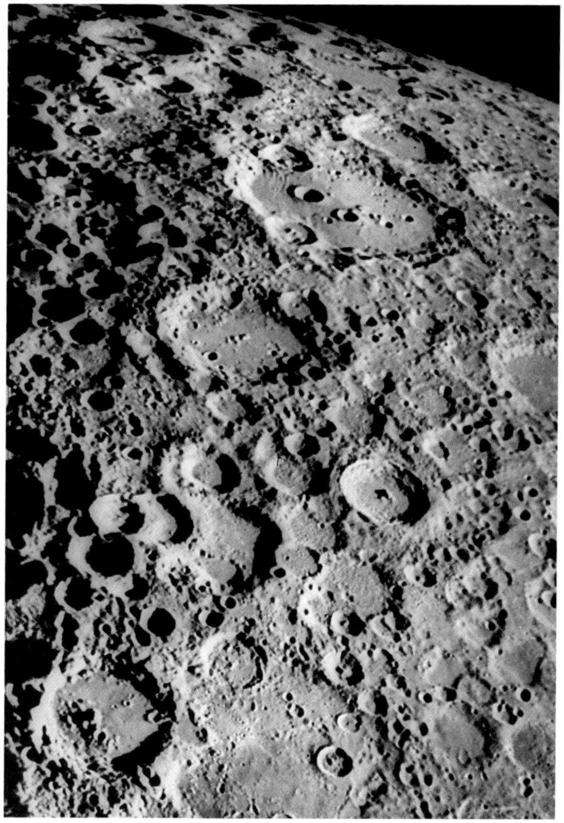
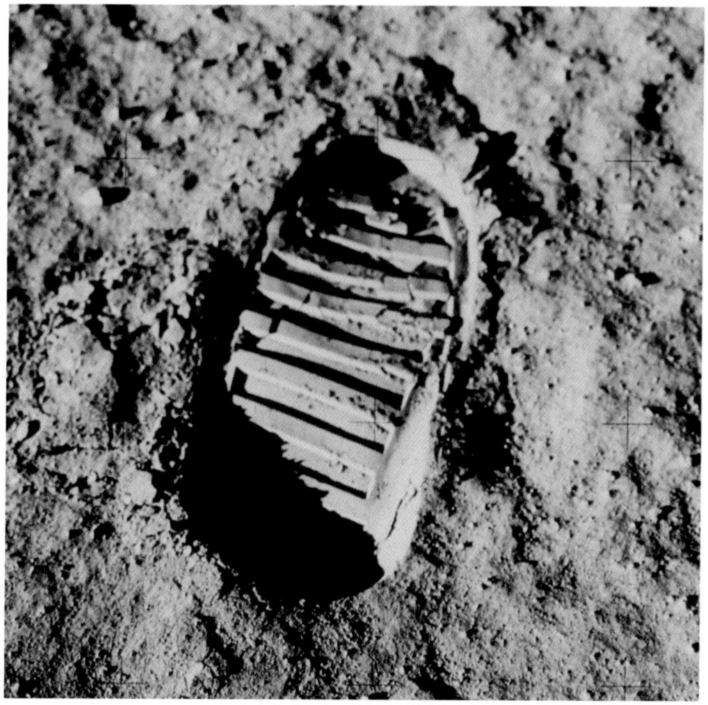
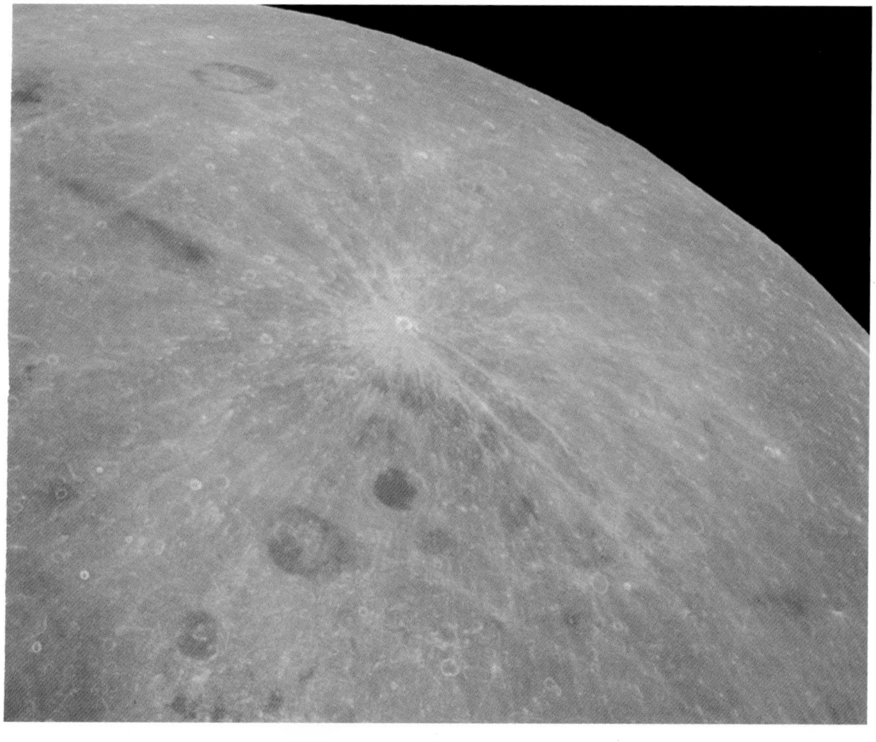
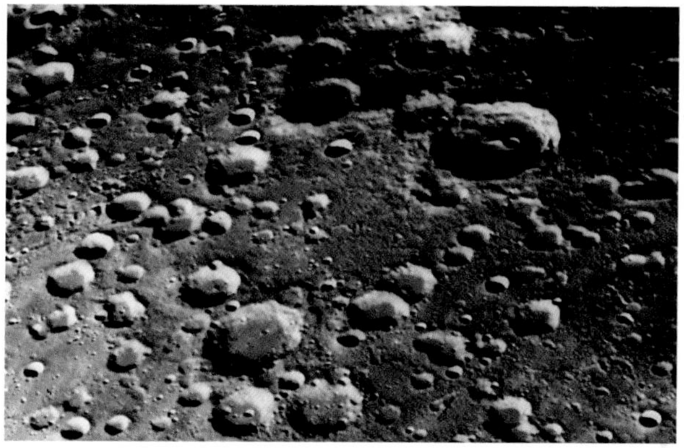

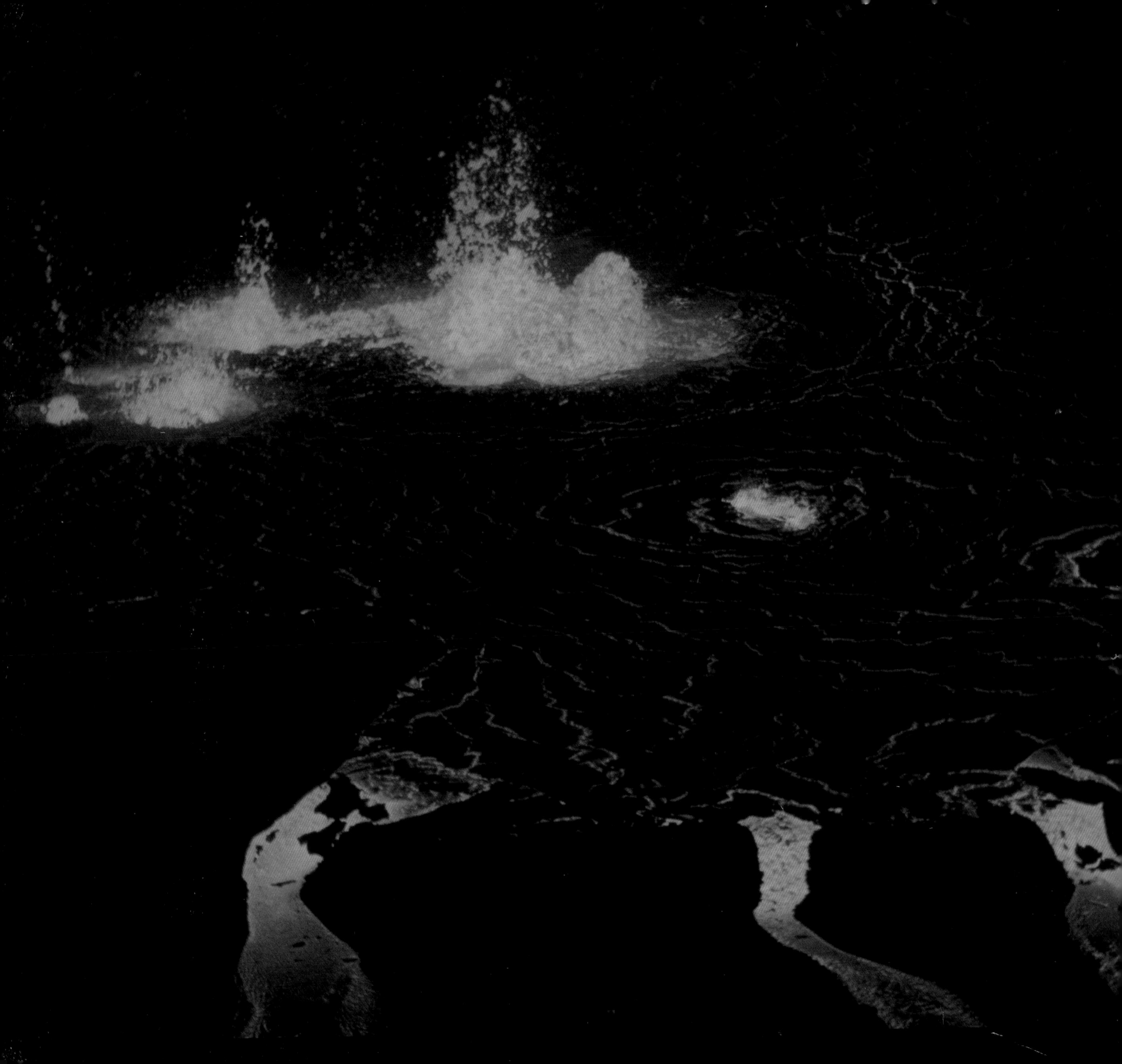

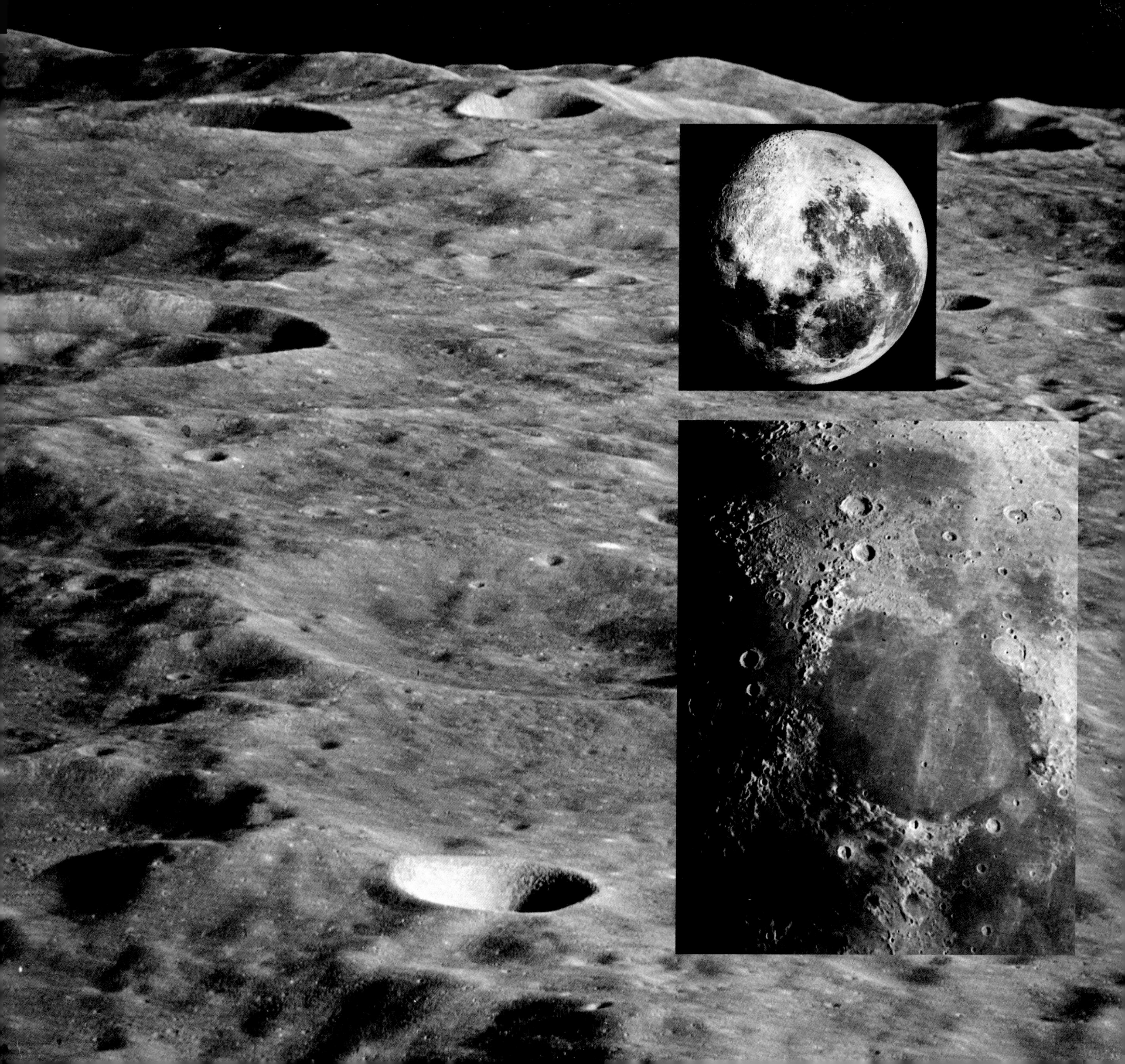

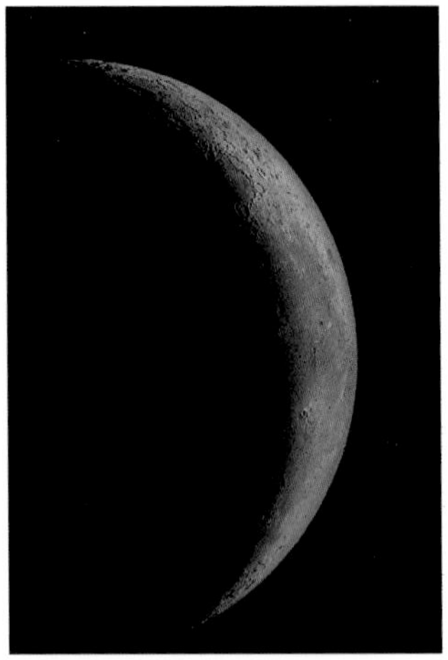
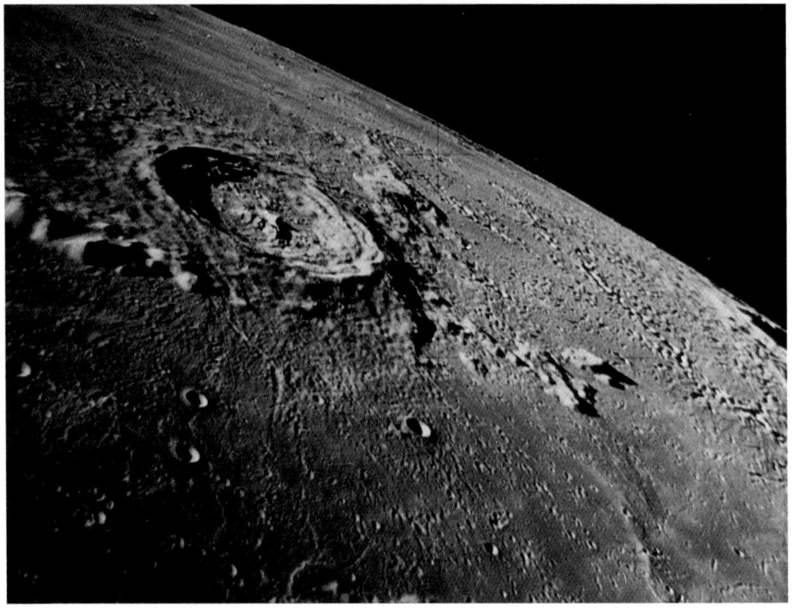
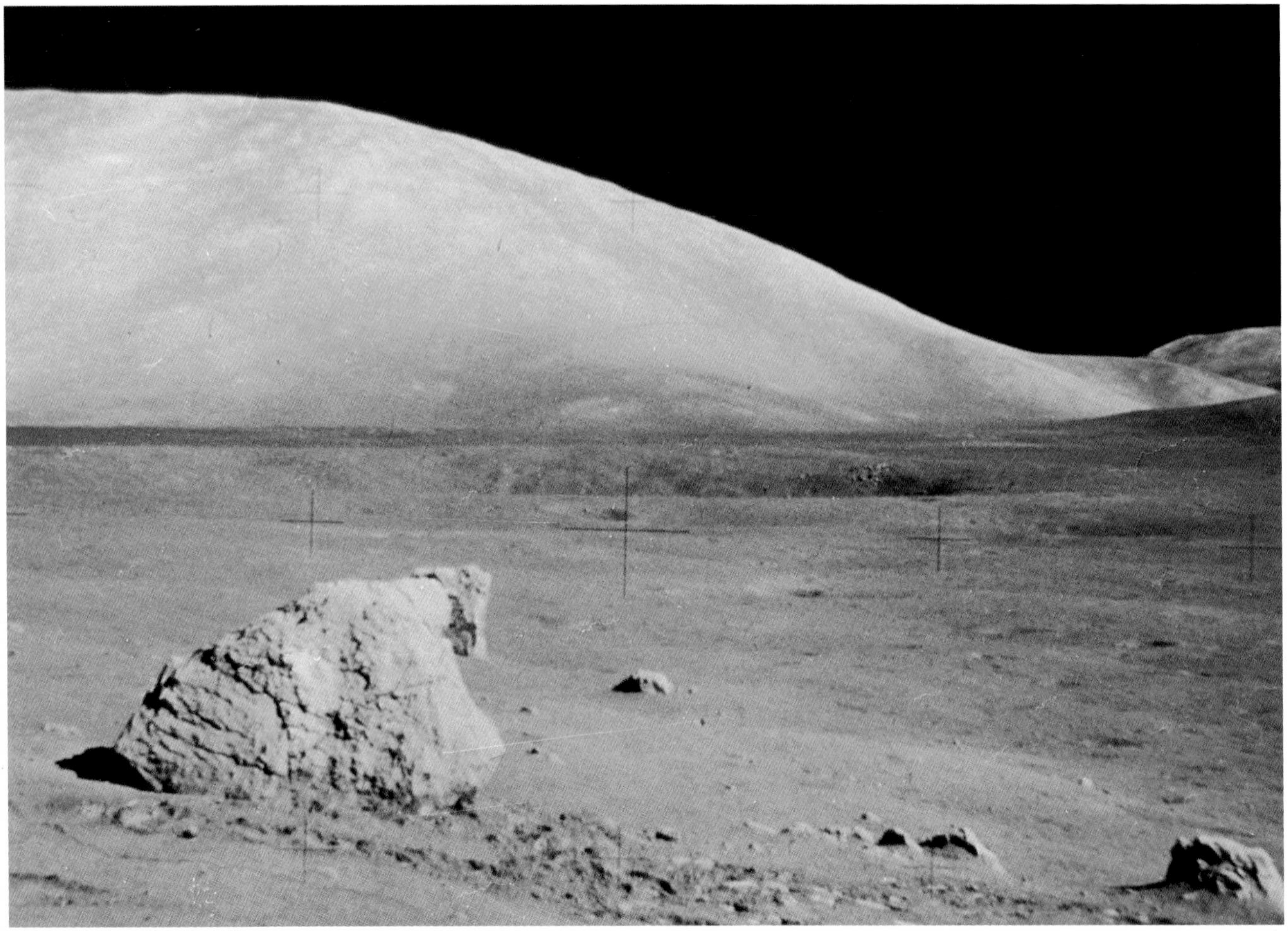
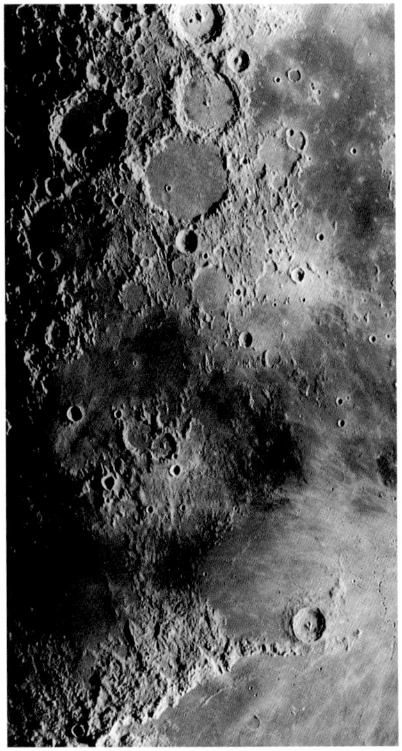

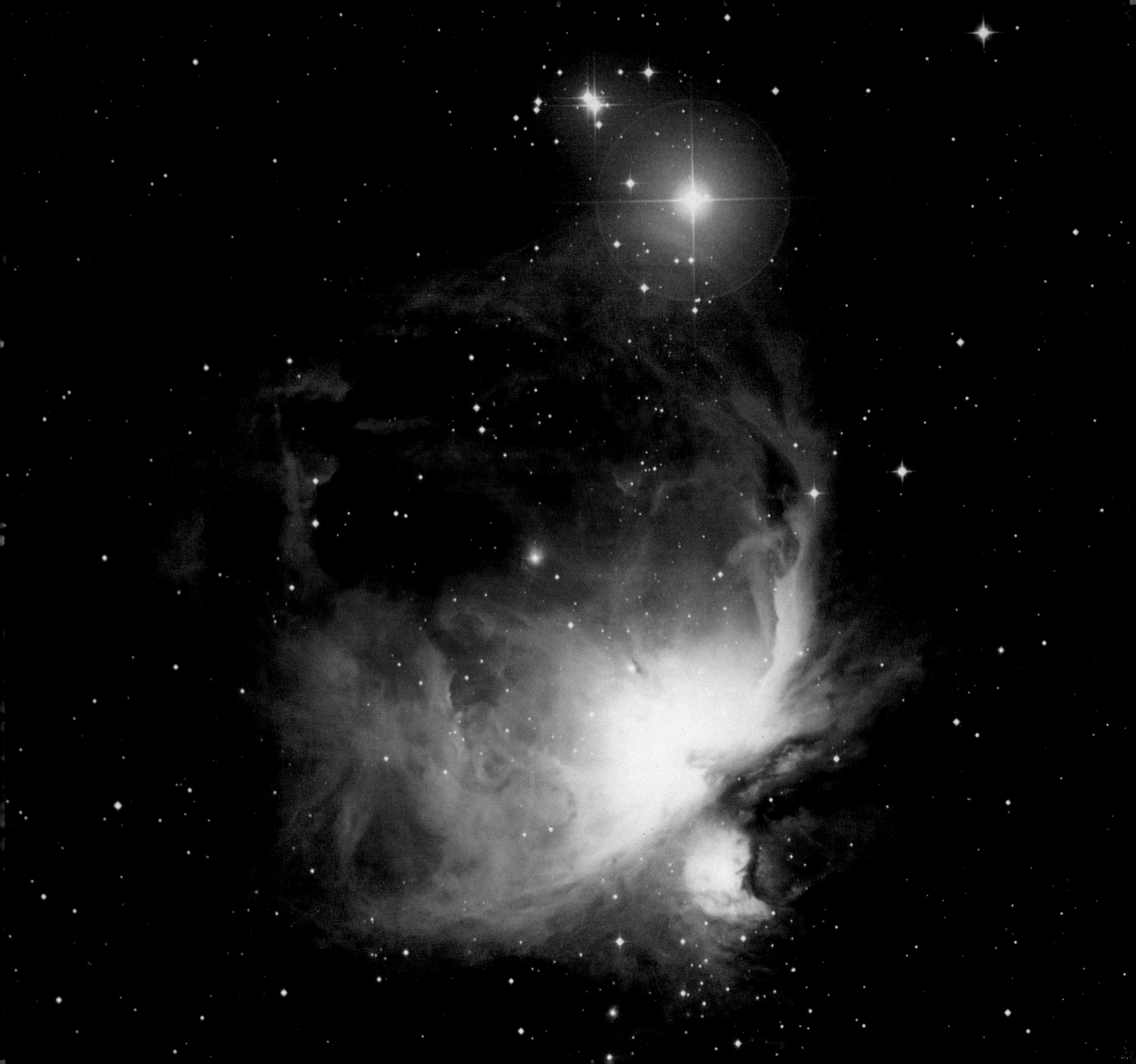

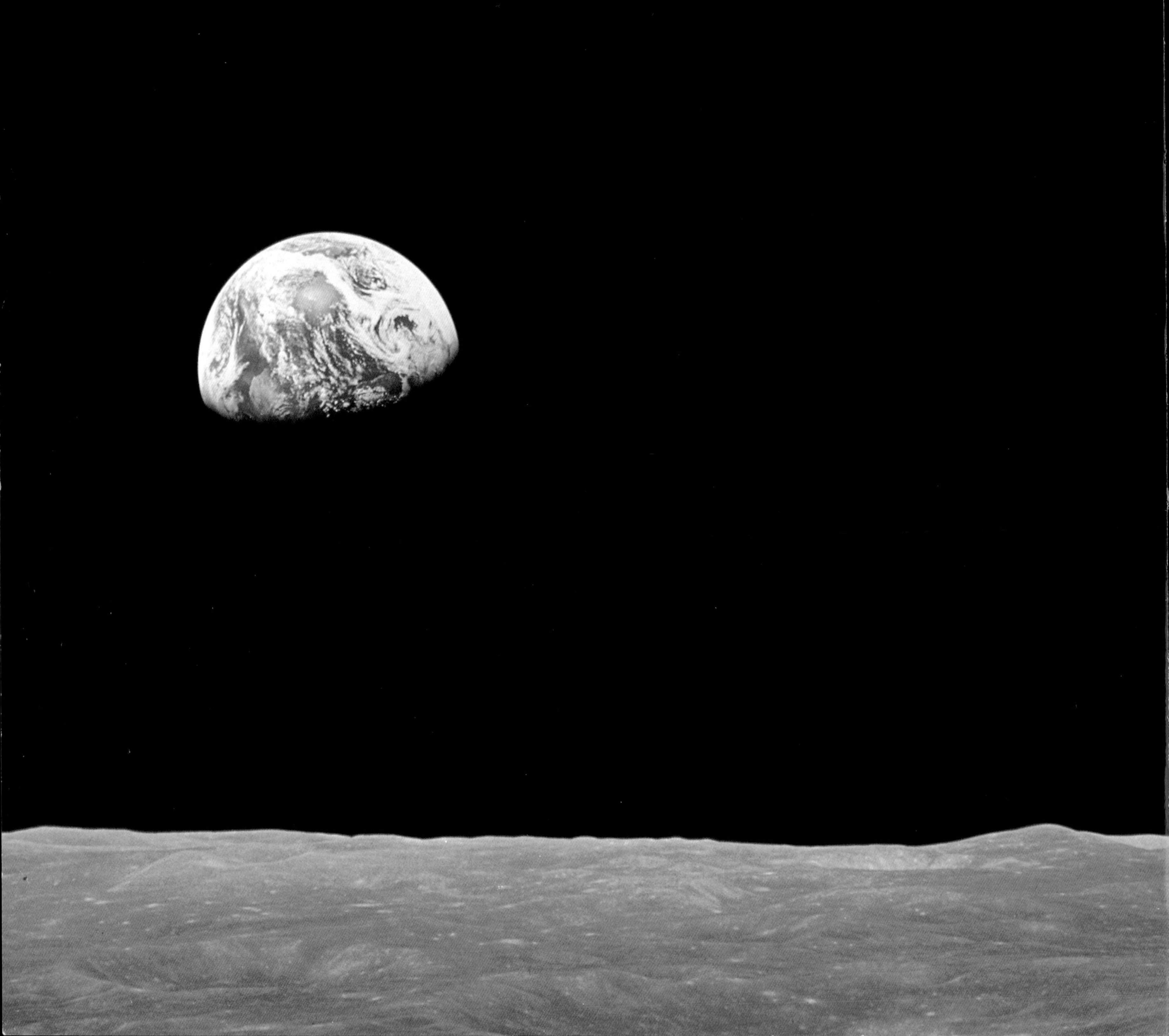